EMPIEZA A TOCAR
Teclado

T0087670

Escrito por Jeff Hammer
Modelo: Arthur Dick
Fotografía y texto de la portada George Taylor
Diseño del libro Chloë Alexander

Impreso en el Reino Unido por
Printwise (Haverhill) Limited, Haverhill, Suffolk.

Para obtener al audio, visite:
www.halleonard.com/mylibrary

Enter Code
2132-0182-7402-5584

ISBN 978-0-8256-2897-9

Visit Hal Leonard Online at
www.halleonard.com

Contact us:
Hal Leonard
7777 West Bluemound Road
Milwaukee, WI 53213
Email: info@halleonard.com

In Europe, contact:
Hal Leonard Europe Limited
42 Wigmore Street
Marylebone, London, W1U 2RN
Email: info@halleonardeurope.com

In Australia, contact:
Hal Leonard Australia Pty. Ltd.
4 Lentara Court
Cheltenham, Victoria, 3192 Australia
Email: info@halleonard.com.au

Índice

Introducción

Bienvenidos al método para principiantes con el teclado. Tanto si eres un aspirante a pianista como si te acabas de comprar un teclado nuevo, este libro te ayudará a iniciarte y a que empieces a tocar rápidamente. Te enseñaremos lo esencial que todo tecladista debe conocer.

Este libro te será útil desde la primera vez que te sientes frente al teclado hasta que seas capaz de tocar piezas completas con ambas manos.

Instrucciones fáciles de seguir te ayudarán con

- La correcta colocación y postura para tocar
- Familiarizarte con el teclado
- La lectura de notación musical básica, aprendiendo los nombres de las notas y entendiendo los ritmos
- Tocar con las dos manos, juntas o por separado

Podrás tocar sobre las pistas de acompañamiento del audio. El soporte de audio te permitirá escuchar cómo *debe* sonar la música, y después podrás intentar tocar el fragmento tú mismo.

Si tienes una PC y un teclado con posibilidades MIDI, podrás cargar las pistas extra de MIDI incluidas en el audio a tu computadora. La parte de la mano izquierda se encuentra grabada en el canal 3, y la de la mano derecha en el canal 4. De esta forma, mientras estés tocando puedes silenciar la parte que estés interpretando en ese momento y tocar por encima de la otra parte.

Practica regularmente y a menudo. Veinte minutos al día son mejores que dos horas el fin de semana. No sólo estás entrenando la mente para entender cómo tocar el teclado, sino que también estarás enseñando a tus músculos a memorizar ciertas acciones mecánicas.

Al final del libro encontrarás una sección presentando algunos de los recursos musicales disponibles para teclados o piano. Te guiará hacia el estilo de música que quieras tocar – tanto si se trata de una serie didáctica fácil de comprender, frases de *rock*, *jazz* y *blues*, canciones fáciles de tocar o transcripciones de "discos" – hay algo para todos los gustos.

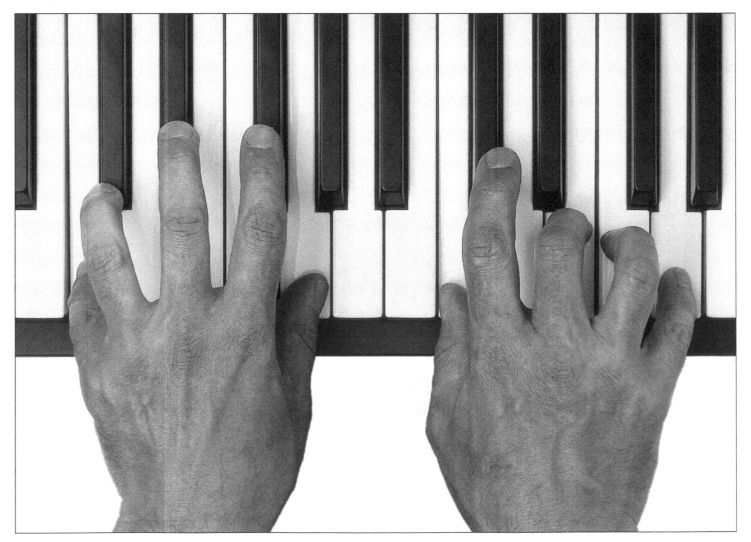

Una buena posición para tocar implica que estés cómodo frente al teclado, y, lo que es más importante, que puedas tocar mejor.

Siéntate frente a la parte central del teclado, con los pies frente a los pedales, intenta tener la espalda razonablemente recta. Evita la tensión en todas las partes de tu cuerpo, sobre todo en los antebrazos.

Asegúrate de que no te apoyes sobre el teclado

Consejo

Un banco de piano ajustable es mejor que una silla corriente, ya que permite a gente de distintas estaturas tocar con comodidad. Asegúrate de que tu asiento esté a una altura que te permita estar con los antebrazos a la misma altura de las teclas, o a una altura ligeramente superior.

Digitación

La digitación es un sistema diseñado para evitar que tus dedos sepan donde deben situarse. Así funciona:

Cada dedo es asociado con un número, tal y como se muestra en la fotografía inferior.

En las partituras verás estos números sobre a las notas - te indicarán qué dedos usar para tocar dichas notas.

Intenta ajustarte a las digitaciones recomendadas para cada pieza y pronto adquirirás el hábito de colocar las manos en la posición correcta.

PUNTO DE CONTROL

LO QUE HAS APRENDIDO HASTA AHORA:

Ahora sabes cómo:
• Sentarte frente al teclado en la posición correcta.
• Colocar las manos sobre el teclado correctamente.
• Comprender la digitación para los dedos de ambas manos.

Mano derecha

Mano izquierda

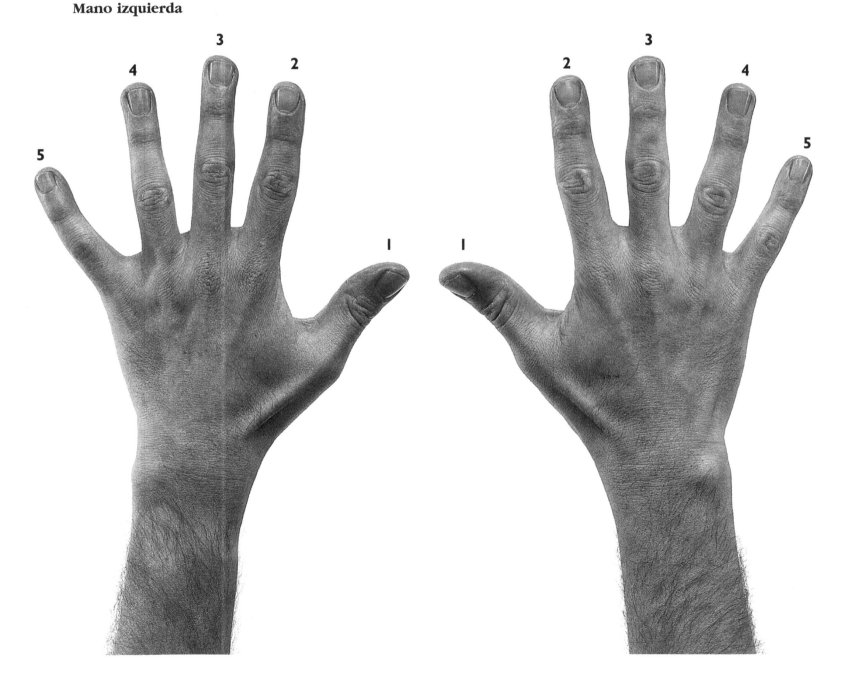

Consejo

Intenta colocar una pequeña moneda sobre el dorso de la mano cuando coloques las manos sobre el teclado. ¡Deberás tocar con comodidad sin que la moneda se te caiga!

Las manos deben estar sustentadas por las muñecas – es importante que no dejes que las muñecas estén por debajo del teclado.

Ahora, con los dedos rozando ligeramente las teclas, cúrvalos ligeramente como si estuvieras sujetando con cuidado una pelota imaginaria.

Los dedos deben cubrir cinco notas adyacentes en cada mano. Esta es la posición normal de cinco dedos, a la cual tu mano regresará automáticamente.

Familiarizándote con el teclado

A primera vista, el teclado puede parecer confuso –¡con tantas notas! Pero en realidad, el teclado se compone de la misma serie de 12 notas repetida una y otra vez en toda su extensión.

Sólo se usan siete nombres para las notas. Las teclas negras están organizadas en grupos de dos y de tres en un esquema que se repite. Esta irregularidad es muy útil, ya que te permite guiarte por el teclado.

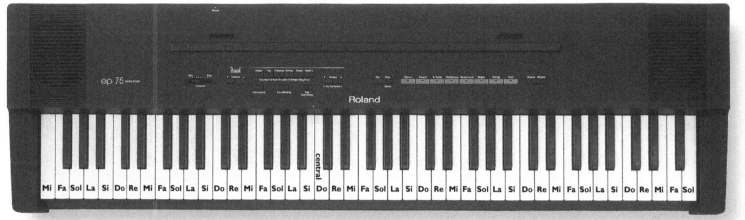

Esta es la extensión de teclado que vamos a usar en este libro:

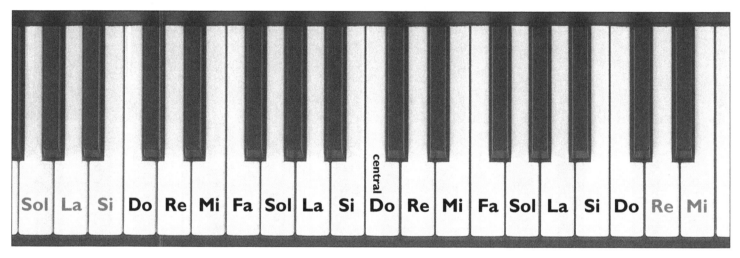

Leer música

Leer música es fácil – una vez que entiendas los fundamentos, no te llevará mucho tiempo.

Hay dos elementos básicos en escritura musical: altura y duración. La altura nos dice cómo es de grave o aguda una nota (cuanto más grave, más a la izquierda estará en el teclado, y cuanto más aguda, más hacia la derecha), y la duración nos dice durante cuánto tiempo hay que tocar la nota, así como cuándo hay que tocarla, en relación con las otras notas que la rodean.

Las cinco líneas sobre las cuales están colocadas las notas se llaman pentagrama. Una nota situada en la parte alta del pentagrama es más aguda que una nota situada en la parte baja.

Para los tecladistas hay un pentagrama para la mano izquierda y otro para la derecha. En la primera parte del libro nos vamos a concentrar sólo en la mano derecha.

Vocabulario

Duración – cuánto tiempo dura una nota
Altura – cuan grave o aguda es una nota
Pentagrama – Las cinco líneas sobre las cuales se escribe la música

Ritmo ¿Compás?

En Gran Bretaña, al compás se le denomina (*bar*).
En los demás países de Europa y en América se denomina (*measure*).

Si das un vistazo a cualquier partitura podrás ver que las notas tienen diferentes formas –algunas tienen un palito (plica), algunas tienen el interior negro, mientras que otras lo tienen blanco. Pronto te serán muy familiares.

Éste símbolo **o** es denominado *redonda*, y tiene una duración de un compás entero, por lo que dura cuatro tiempos. Cuenta 1 – 2 – 3 – 4 para las redondas:

La música tiene un *pulso* básico. Varios de éstos pulsos se agrupan en unidades mayores llamadas *compases*.

Los compases están formados por conjuntos de pulsos – cuando llevas el ritmo de una canción con el pie, estás siguiendo el pulso.

La agrupación de pulsos más común es de cuatro por compás. A este tipo de compás se le denomina 4 por 4, y será el que usemos al principio.

Intenta contar sin interrupciones del 1 al 4 y repite la secuencia:

1 – 2 – 3 – 4 / 1 – 2 – 3 – 4 / 1 – 2 – 3 – 4 / etc

Cada vez que cuentes "1" estarás comenzando un nuevo compás. Fácil, ¿verdad?

| I | 2 | 3 | 4 | I | 2 | 3 | 4 | I | 2 | 3 | 4 | etc. |

Al símbolo ♩ se le denomina *blanca*, y dura dos tiempos, por lo que se cuenta así:

| I | 2 | 3 | 4 | I | 2 | 3 | 4 | I | 2 | 3 | 4 | etc. |

Finalmente, este símbolo ♩ es denominado *negra*, y dura un tiempo. Por lo tanto, en cada compás caben cuatro negras, y se cuentan así:

| I | 2 | 3 | 4 | I | 2 | 3 | 4 | I | 2 | 3 | 4 | etc. |

Ahora ya sabes lo suficiente sobre el ritmo como para tocar algo de música.

Vocabulario

Pulso – el ritmo interno de la música

Compás – conjuntos de pulsos, a menudo agrupados en series de 3 o de 4

Compás de 4 por 4 – la agrupación más frecuente de pulsos, es decir, en series de 4

Tu primera nota

Localizando el Do central

La forma más sencilla de localizar cualquier tecla blanca, es ver dónde se encuentra con relación a los grupos de teclas negras.

Busca los grupos de dos teclas negras, y localiza la tecla blanca que se encuentra en medio de las dos. Esta nota es un **Re**. La nota **Do** se encuentra justo a la izquierda de **Re** – o, si lo prefieres, a la izquierda del grupo de dos notas negras.

Los grupos de notas negras se repiten a lo largo de toda la extensión del teclado, por lo tanto hay muchas notas Do. A fin de distinguirlas, nos referiremos a una de ellas como *Do central*, que es –como habrás averiguado- la más próxima al centro del teclado.

Fíjate en la foto inferior e intenta localizar el Do central en tu teclado.

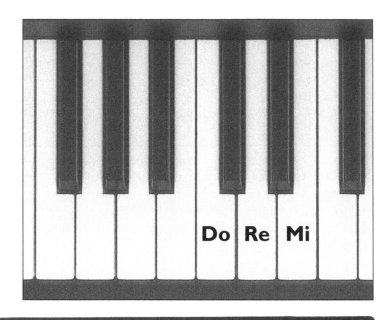

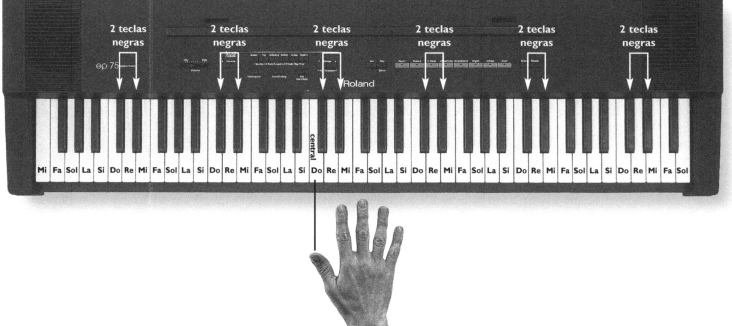

Así es como se representa el Do central en el pentagrama:

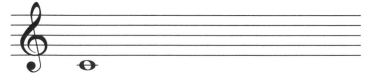

Fíjate en que el Do central se escribe sobre una pequeña línea que se coloca directamente bajo el pentagrama principal. A esto se le llama línea adicional. Las líneas adicionales nos permiten escribir notas que están por encima o por debajo de las cinco líneas y de los cuatro espacios situados entre ellas. Es importante que seamos capaces de reconocer un Do de otro, ya que de lo contrario podrías tocar las notas correctas (de acuerdo con su nombre), ¡pero en una parte incorrecta del teclado!

Los ejemplos de las páginas siguientes utilizan el Do central y las notas que están justo por encima.

Ahora ya estás preparado para interpretar tu primera pieza.

No te preocupes por la lectura de la música – mientras seas capaz de contar hasta cuatro y puedas recordar dónde se encuentra el Do, serás capaz de tocar esta pieza.

Posibilidades MIDI

Si tienes un teclado con capacidad MIDI, podrás usar la pistas acompañamiento que te proporcionamos en el audio, y después silenciar el canal 4 y tocar tú mismo.

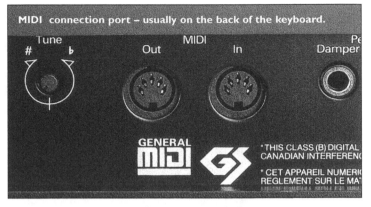

Por ahora sólo vamos a trabajar con la mano derecha. Cuando iniciemos el trabajo con la izquierda más adelante, la música estará en el canal 3, permitiéndote así separar las dos manos (ya que están en los canales 3 y 4 respectivamente). Esto significa que podrás reproducir la parte de la mano derecha vía MIDI, mientras practicas la parte de la mano izquierda, y viceversa –¡así es más divertido!

Ahora vamos a por la primera pieza. Después de la introducción de cuatro pulsos, toca un Do durante otros cuatro pulsos junto con la música de acompañamiento; después descansa durante otros cuatro pulsos, y luego toca durante otros cuatro y vuelve a descansar otros cuatro, y así sucesivamente hasta el final de la pieza.

Esta pieza tiene una duración total de 8 compases; esto equivale a contar 8 veces hasta cuatro. Puede parecer simple, pero sin darte cuenta te estás enseñando la disciplina de tocar a tiempo y de contar los silencios. Estas habilidades adquirirán más importancia conforme vayas avanzando.

Aprender a contar pulsos regulares es algo que lo acabarás haciendo sin darte cuenta. Toca este ejercicio unas cuantas veces a distintas velocidades, empezando muy despacio e incrementando gradualmente el tempo. Lo que debes buscar en este momento es tocar de forma regular, suave y controlada.

La **Pista 1** del audio te muestra cómo debería sonar este ejercicio, y la **Pista 2** te proporciona un acompañamiento sobre el cual puedes tocar.

Cuenta: 1 2 3 4   1 2 3 4   1 2 3 4   1 2 3 4   etc.

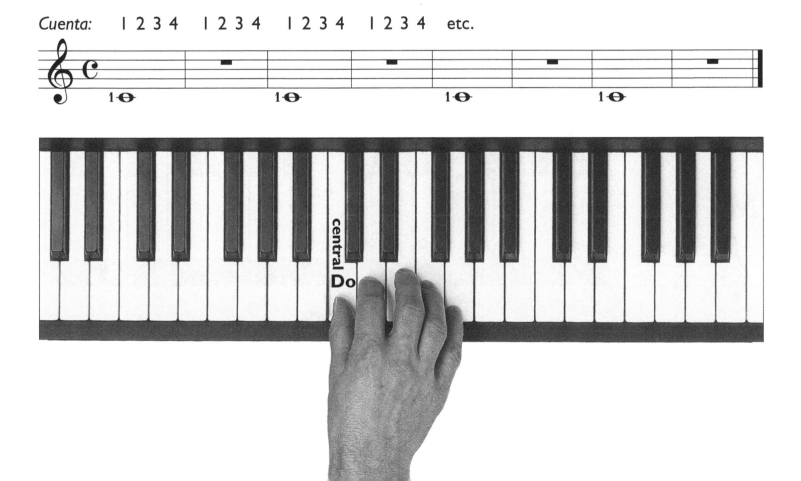

Las notas **Re** y **Mi**

Aquí está la nota Re, que es la que encontraste antes entre el grupo de 2 notas negras. Asegúrate de que toques la tecla situada a la derecha del Do central.

Re

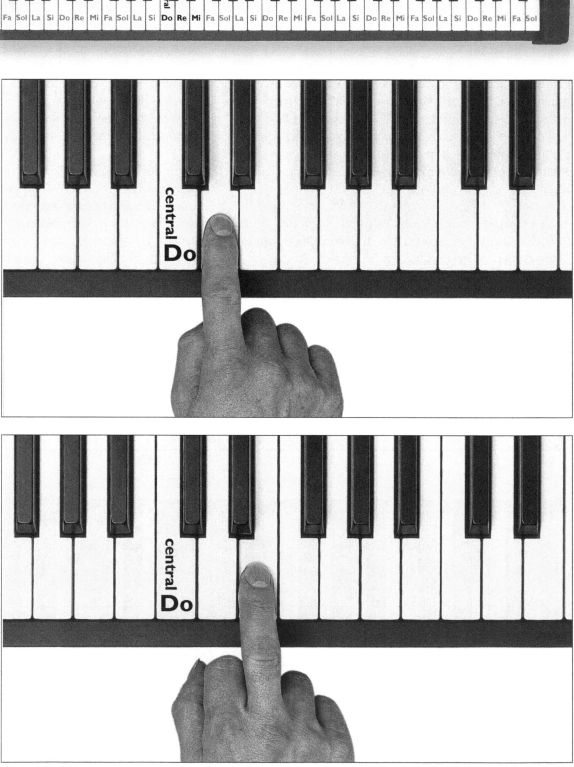

A la izquierda de la nota Re encontrarás el Do, y a la derecha estará el Mi.

Mi

Debajo encontrarás una melodía que te ayudará a aprender dónde se encuentran estas notas. Toca Do con el pulgar de la mano derecha, y Mi y Re con los dedos índice y corazón respectivamente.

La digitación te ayudarán a recordar qué dedos debes usar –vuelve al diagrama de la pág. 6 si deseas repasarlo.

No necesitas saber leer música para poder tocar este ejercicio. Basta con que digas en voz alta los nombres de las notas mientras las tocas. Deja que cada nota suene durante 4 pulsos (un compás).

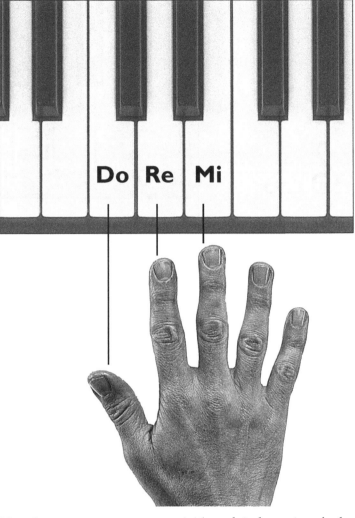

Fíjate en el compás de silencio situado detrás de cada grupo de tres notas. La cuenta escrita sobre el pentagrama te ayudará con el ritmo, mientras que los nombres de cada nota están escritos debajo del pentagrama.

Escucha primero el ejercicio en la **Pista 3**, y después toca encima del acompañamiento en la **Pista 4**.

Los usuarios de MIDI pueden silenciar la parte del piano (Canal 4) antes de tocar.

Mantén tu mano en una posición relajada, evitando la tensión en cualquier parte del cuerpo, especialmente en los hombros, antebrazos y manos.

Cada vez que toques una nota, presiona la tecla de forma suave pero firme, con una decidida acción de tu dedo.

Esta pieza tiene una duración de 16 compases –intenta contarlos mientras tocas.

Cuenta: 1 2 3 4   1 2 3 4   1 2 3 4   1 2 3 4   etc.

Las notas **Fa, Sol, La** y **Si**

Fa

Sol

La

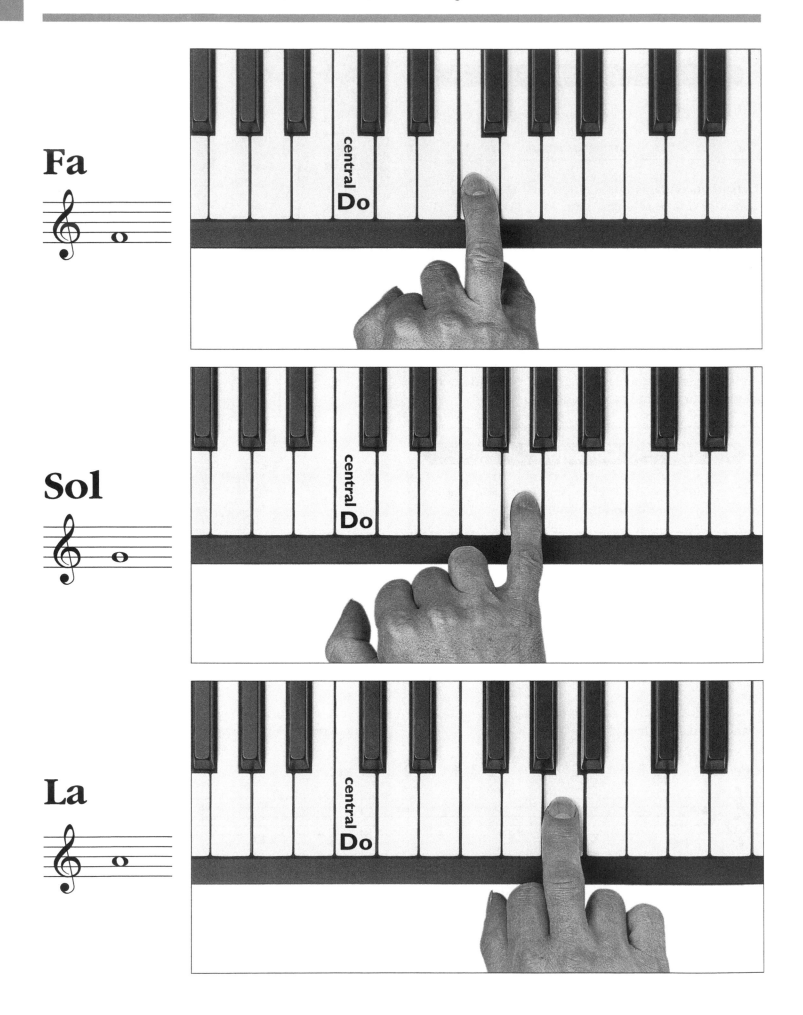

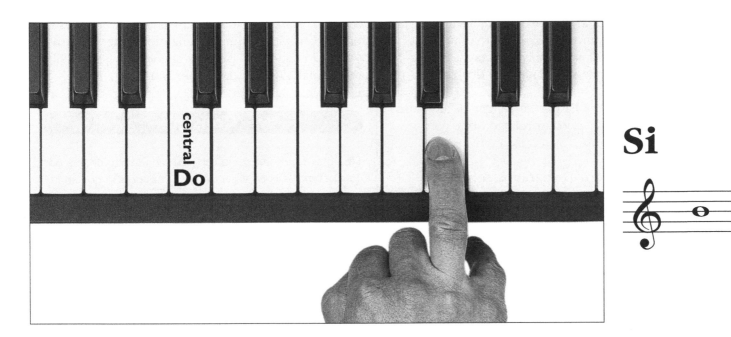

Si

Mira el teclado de abajo y fíjate en el grupo de tres notas negras que se repite –nos va a servir para localizar las teclas blancas que están entre y junto a ellas- Empezando por la izquierda, éstas son **Fa, Sol, La y Si**. Intenta encontrar las notas y decir su nombre en voz alta mientras las tocas.

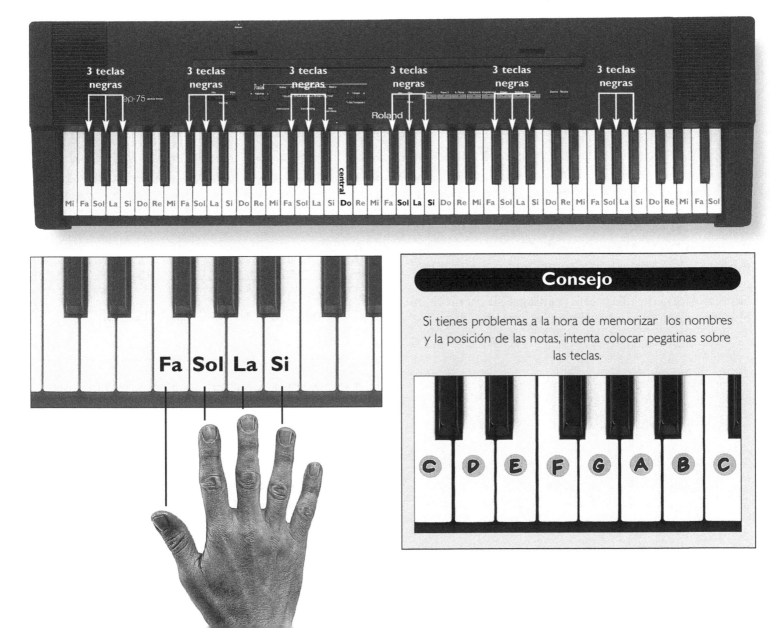

Fa Sol La Si

Consejo

Si tienes problemas a la hora de memorizar los nombres y la posición de las notas, intenta colocar pegatinas sobre las teclas.

Tocando **Fa, Sol, La** y **Si**

Ahora que ya sabes contar pulsos y compases completos, vamos con un ejercicio que te ayudará a familiarizarte con estas cuatro nuevas notas, a la vez que te ayudará a contar en unidades de dos pulsos.

Para este ejercicio toca el Fa con el pulgar de la mano derecha, manteniendo la postura relajada que aprendiste anteriormente.

Mantén los demás dedos preparados sobre las otras notas.

Escucha la demostración de la **Pista 5**, y después intenta tocar sobre el acompañamiento de la **Pista 6**. Los usuarios de MIDI pueden silenciar la parte del piano (canal 4) antes de empezar a tocar.

Consejo

Las notas en este ejercicio cambian cada dos compases, por lo que tendrás que pensar un poco más deprisa que en los ejemplos previos.

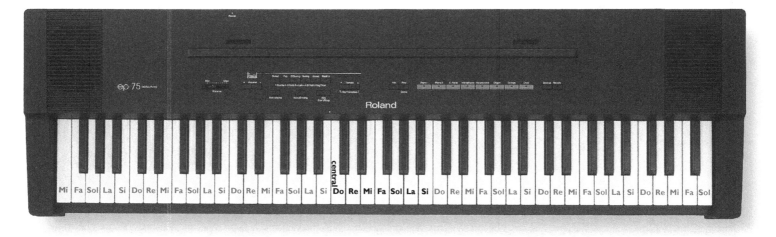

Resumen De La Mano Derecha
¡Ahora ya has aprendido a tocar siete notas con la mano derecha! Asegúrate de que estás realmente familiarizado con ellas –sus nombres, su escritura en el pentagrama y su posición en el teclado.

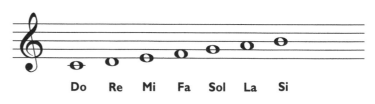

Do   Re   Mi   Fa   Sol   La   Si

PUNTO DE CONTROL

LO QUE HAS APRENDIDO HASTA AHORA:

Ahora sabes cómo:
• Tocar siete notas
• Comprender conceptos básicos de altura y ritmo
• Leer música de la partitura

¿Cómo podemos utilizar las mismas cinco líneas del pentagrama para las notas de la mano derecha y para las notas (más graves) de la izquierda?

Para la mano izquierda usamos una clave distinta: la clave de Fa.

La respuesta está en el símbolo que encontramos al principio de la partitura. A este símbolo se le llama **clave.**

Para la mano derecha utilizamos la clave de Sol.

Estas dos claves diferentes representan a las notas **Sol y Fa**, y su posición en el pentagrama nos indica dónde se sitúan dichas notas en cada clave.

En la clave de Fa, los dos puntos a la derecha del símbolo, situados a cada lado de la segunda línea contando desde arriba, representan dónde estará situada la nota Fa.

Esto nos sirve para fijar la posición de la nota Fa. Desde ella podremos averiguar las posiciones de las otras notas.

Vocabulario

Clave de Sol – símbolo utilizado en el pentagrama para la mano derecha

Clave de Fa – símbolo utilizado en el pentagrama para la mano izquierda

Observa cómo el símbolo de la clave de Sol se curva alrededor de la segunda línea del pentagrama contando desde abajo. Esto nos sirve para establecer la posición de la nota Sol. A partir de ella, podemos averiguar las posiciones de las demás notas.

Fa

Sol

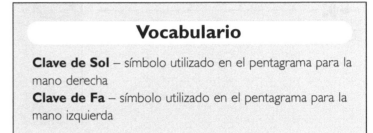

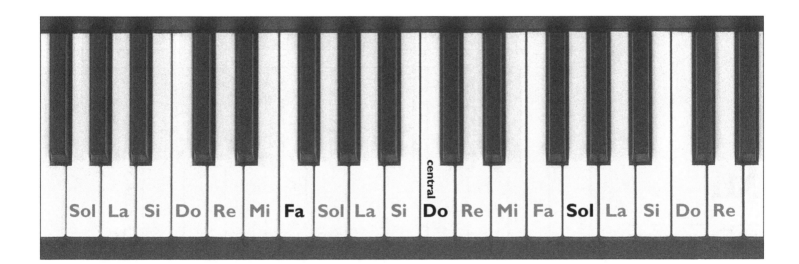

Las notas de la mano izquierda

Aquí te mostramos dónde están situadas las notas en la clave de Fa. Observarás que la regla de que todas las notas Do se sitúan inmediatamente a la izquierda de cada grupo de dos notas negras sigue siendo válida. – sólo varía el modo de escribirlas en el pentagrama.

Do

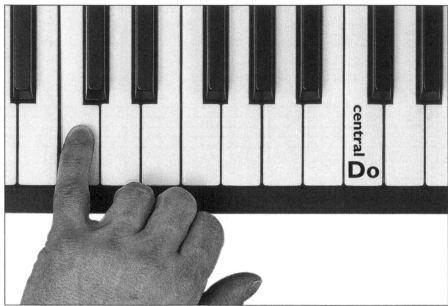

Re

Mi

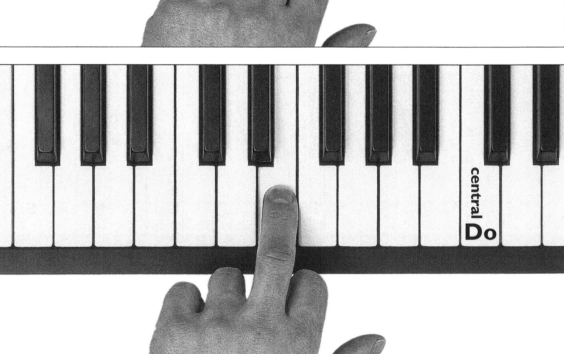

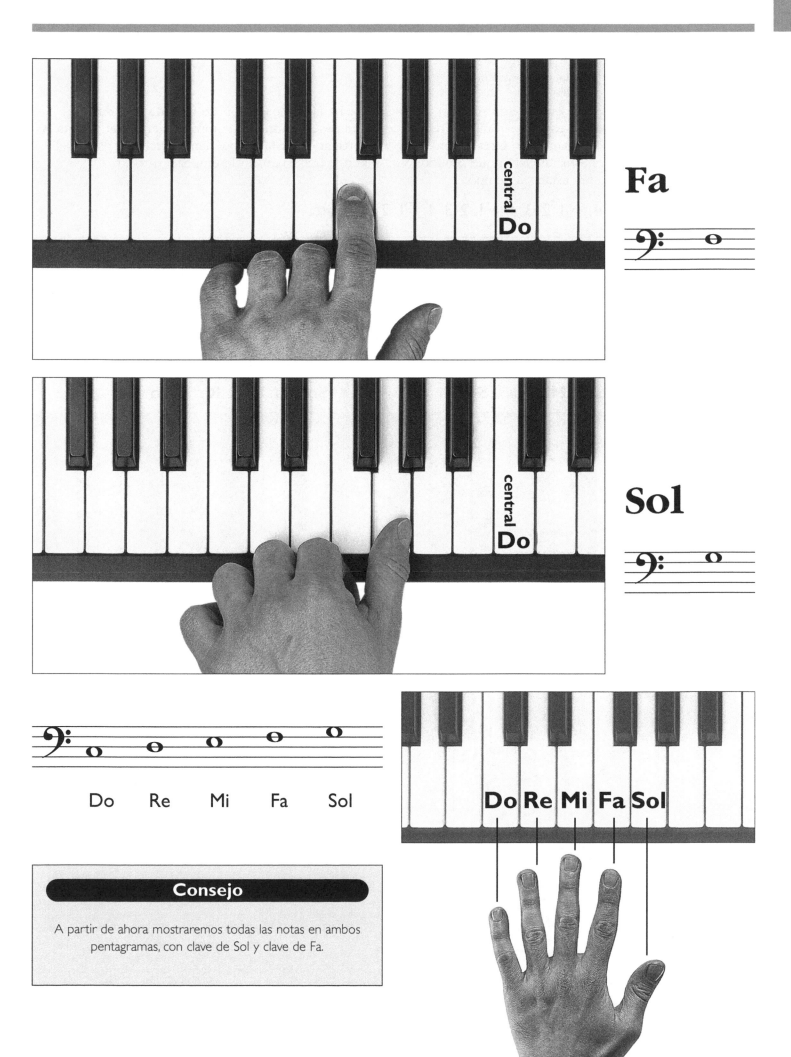

Fa

Sol

Do   Re   Mi   Fa   Sol

Do Re Mi Fa Sol

Consejo

A partir de ahora mostraremos todas las notas en ambos pentagramas, con clave de Sol y clave de Fa.

Notas y silencios

Este es un ejercicio diseñado para que te vayas acostumbrando a tocar con la mano izquierda.

Fíjate en este símbolo ▬ . Es denominado silencio, y nos indica que debemos dejar un espacio sin música de una duración de cuatro pulsos. Cuando no estés tocando, cuenta los pulsos con la misma atención que cuando tocas, de esta forma siempre estarás a tiempo.

Escucha la demostración de la **Pista 7**, y después intenta tocar sobre el acompañamiento de la **Pista 8**. Los usuarios de MIDI pueden silenciar la parte del piano (canal 4) antes de empezar a tocar,

Consejo

Recuerda que la digitación comienza con el 1 para el pulgar, siendo el 5 para el meñique.

EMPIEZA A TOCAR
Guía para el teclado

Sentarse correctamente

Es importante sentarse correctamente ante el teclado. Cuanto más cómodo te sientas, más fácil te será tocar.

Siéntate frente a la parte central del instrumento, con los pies frente a los pedales. Colócate en posición recta y con la espalda derecha, pero sin estar rígido. El asiento debe ser lo suficientemente alto como para que tus brazos estén al mismo nivel que el teclado.

La posición de las manos

Mueve las manos desde las muñecas, que deben estar en posición horizontal. Si curvas las muñecas demasiado mientras tocas, pronto sentirás fatiga muscular.

Curva los dedos ligeramente, como si estuvieras sujetando una bola imaginaria. No estires los dedos hacia el teclado; deja que sea la posición natural de tu mano la que determine qué parte de la tecla presionarás con la yema del dedo.

La posición de cinco dedos

Con las yemas de los dedos, cubre cinco teclas blancas seguidas en cada mano. Esta es la posición habitual de cinco dedos. También es la posición más cómoda.

Vuelve siempre a esta posición cuando hayas estado tocando otras partes en el teclado. Como un buen jugador de tenis o de squash que siempre ocupa el centro de la pista, esta es la mejor posición de "alerta" para los tecladistas.

Cuadernillo

Las notas en el teclado

En música sólo hay siete nombres para las notas: DO RE MI FA SOL LA SI

Estos siete nombres se repiten varias veces a lo largo del teclado. Las teclas negras están organizadas en grupos de dos y tres teclas.

Cómo localizar las teclas blancas: Do Re y Mi

Utiliza las teclas negras para localizar las teclas blancas. Por ejemplo, "Re" se encuentra entre dos teclas negras.

A la izquierda del Re se encuentra el Do. A la derecha del Re está el Mi.

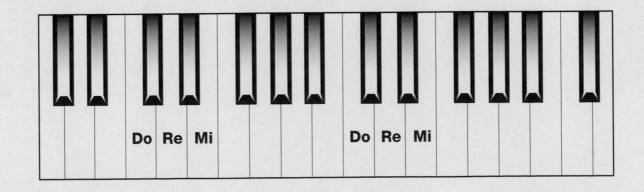

Cómo localizar las teclas blancas: Fa Sol La y Si

Utiliza los grupos de tres teclas negras para localizar Fa, Sol, La y Si (el resto de las notas musicales):

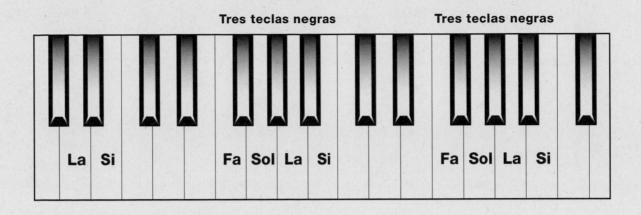

Localiza todas las notas Fa, Sol, La y Si de tu teclado. Toca cada nota en orden y di su nombre.

Ya conoces todas las notas de las teclas blancas y sus nombres.

Una nota importante: El Do Central

Una de las notas más importantes del teclado es el Do central. Se trata del Do más próximo a la parte central del instrumento, que normalmente se encuentra frente a la marca del fabricante.

Fíjate en la ilustración superior.

Verás que:
El Do a la izquierda del Do central se denomina 'Do por debajo del Do central'
El Do a la derecha del Do central se denomina 'Do por encima del Do central'

En estos momentos ya eres capaz de encontrar los tres.

Aprende a localizarlos de esta forma sencilla:
• Toca el Do central con la mano derecha (cualquier dedo servirá).
• Toca el Do central con la mano izquierda.
• Toca el Do por debajo del Do central con la mano izquierda
• Toca el Do por debajo del Do central con la mano derecha.
• Finalmente: Toca el Do central de nuevo con uno de los dedos de cada mano.

Ya sabes dónde se encuentra el Do central y las otras notas Do inmediatamente por encima y por debajo.

Cómo se forman los acordes

Con esta guía fácil serás capaz de formar cualquier acorde mayor, menor, aumentado y disminuido sobre cualquier nota. Sigue esta sencilla fórmula y todos los acordes que necesites estarán a tu disposición.

Tipos de acorde

Generalizando, hay cuatro tipos de acorde:

Mayor (Ej. Do mayor)
Menor (Ej. Do menor)
Disminuido (Ej. Do disminuido)
Aumentado (Ej. Do aumentado)

Los tipos más importantes son el mayor y el menor. La música popular de occidente está basada en este tipo de acordes. Es posible tocar una canción popular usando sólo estos dos tipos de acorde.

Los acordes aumentados y disminuidos son meramente acordes de paso o de enlace. Se utilizan para pasar de un acorde mayor o menor a otro acorde.

Forma tus propios acordes: usando semitonos

Es posible formar acordes de cualquiera de estos cuatro tipos usando una fórmula sencilla, que se basa en los semitonos.

Un semitono es la distancia más corta posible en el teclado, contando tanto teclas blancas como negras.

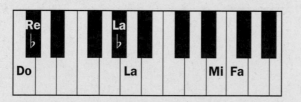

De Do a Re bemol (o al revés) hay una distancia de un semitono
De La bemol a La (o al revés) hay una distancia de un semitono
De Mi a Fa (o al revés) hay una distancia de un semitono

Fórmula de acordes

Mayor 4-3 semitonos
Menor 3-4 semitonos
Disminuido 3-3 semitonos
Aumentado 4-4 semitonos

Ejemplo 1

Forma el acorde de Do (mayor)
Fórmula: Do-4-3

Toca la nota Do y cuenta 4 semitonos hacia la derecha. Llegarás a la nota Mi. Toca la nota Mi, y cuenta 3 semitonos hacia la derecha. Llegarás a la nota Sol. Las notas del acorde serán, por tanto, Do, Mi, Sol.

Ejemplo 2

Forma el acorde de Re bemol mayor
Fórmula: Re bemol-4-3

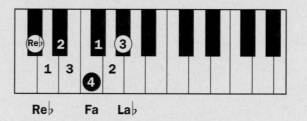

Toca la nota Re bemol y cuenta 4 semitonos hacia la derecha. Llegarás a la nota Fa. Toca la nota Fa y cuenta 3 semitonos hacia la derecha. Llegarás a la nota La bemol. Por tanto, las notas del acorde serán: Re bemol, Fa, La bemol.

Ejemplo 3

Forma el acorde de Sol (menor)
Fórmula: Sol-3-4

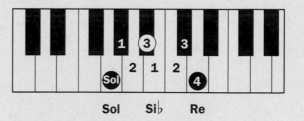

Toca la nota Sol y cuenta 3 semitonos hacia la derecha. Llegarás a la nota Si bemol. Toca la nota Si bemol y cuenta 4 semitonos hacia la derecha. Llegarás a la nota Re. Por tanto, las notas del acorde serán Sol, Si bemol, Re.

Aquí tienes otro ejercicio concebido para que toques notas con la mano izquierda que están separadas entre sí varias teclas. Las líneas de bajo se mueven a menudo de esta forma, por lo que es importante que acostumbres a tu mano izquierda a este tipo de movimientos. Si mantienes correcta la posición de la mano y sigues la digitación indicada, podrás tocar correctamente esta pieza en poco tiempo.

Escucha la demostración en la **Pista 9**, y después intenta tocar sobre el acompañamiento de la **Pista 10**. Los usuarios de MIDI pueden silenciar la parte de piano (canal 4) antes de empezar a tocar.

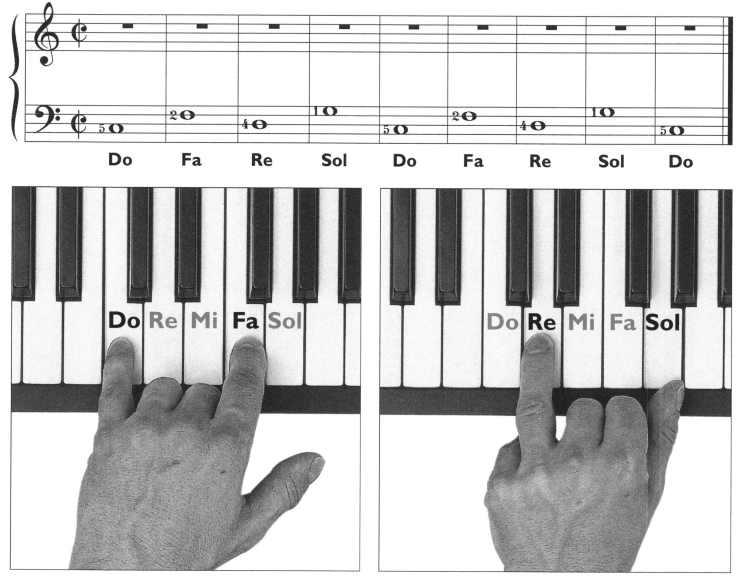

Habrás apreciado que la línea de bajo se mueve en intervalos de cuatro notas: De Do a Fa y de Re a Sol.

A estos intervalos se les llama cuartas, porque hay cuatro notas entre la nota más aguda y la nota más grave(contando ambas). Del mismo modo, si hubiese una distancia de cinco notas entre la nota más aguda y la nota más grave, sería un intervalo de quinta. Las líneas de bajo suelen utilizar este tipo de movimientos.

PUNTO DE CONTROL

LO QUE HAS APRENDIDO HASTA AHORA:

Ahora sabes cómo:
• Contar y leer distintos ritmos
• Reconocer claves de Sol y de Fa
• Utilizar tanto la mano derecha como la izquierda

Los dos manos juntas

Ahora ya sabes tocar lo suficiente como para usar ambas manos juntas.

Hay varios aspectos en esta pieza a los que debes prestar atención:

Lo primero es que para tocar con las dos manos a la vez es más importante que tengas en cuenta la posición correcta de las manos y los dedos. Utiliza las digitaciones que se te indican, ya que te ayudarán a minimizar el movimiento de la mano sobre el teclado. En el último compás de la partitura sólo vas a tocar durante un pulso, ya que el resto del compás equivale a silencios.

¿Qué son esas líneas curvas que unen el penúltimo compás con el último? Se las denomina ligaduras, ya que unen o añaden el valor de una nota a la otra.

En este próximo ejercicio tu mano izquierda no dejará de pulsar la tecla del Do, sino que alargarás su valor durante un pulso más.

Por lo tanto, el último Do de la mano izquierda comenzará en el compás 7 y tendrá una duración de 5 pulsos (cuatro + uno); y el Mi de la mano derecha tendrá una duración de 3 pulsos (dos + uno).

Dedícale tiempo a este ejercicio y asegúrate de que lo puedes realizar con confianza a varias velocidades antes de continuar.

Ahora que ya te son familiares los nombres de las notas de ambas manos vamos a quitar el nombre de las notas debajo del pentagrama.

Escucha la demostración en la **Pista 11**, y después intenta tocar sobre el acompañamiento de la **Pista 12**. Los usuarios de MIDI pueden silenciar la parte de piano (canal 4) antes de empezar a tocar.

ligadura

Cuenta: 1   2   3   4   1   2   3   4

▼ **Así es como deben estar tus manos, preparadas para tocar.**

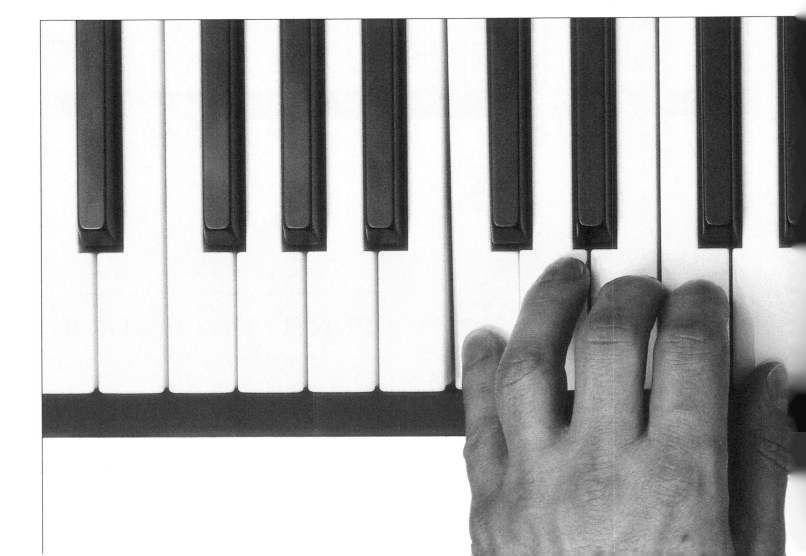

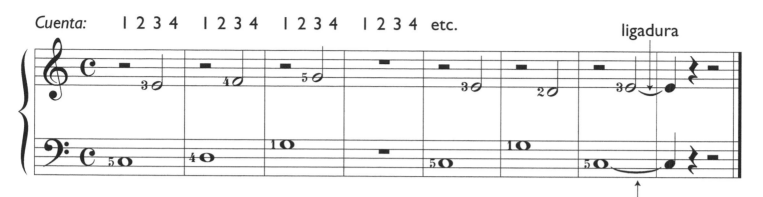

Cuenta: 1 2 3 4   1 2 3 4   1 2 3 4   1 2 3 4   etc.

ligadura

ligadura

SILENCIOS – o cuando *NO* tocar.

Ahora nos fijaremos en lo que nos indica la partitura cuando no estamos tocando. Los símbolos que corresponden al espacio en el que no tocamos se denominan silencios, y tienen un valor rítmico equivalente al de las notas que sustituyen.
Así es como funcionan:

Un silencio de redonda o de cuatro pulsos se escribe así:

Un silencio de blanca es más corto (equivale a dos pulsos) y se escribe así:

Un silencio de negra, que dura un pulso, se escribe así:

Estos silencios se pueden combinar. Por ejemplo, para tener un silencio de una duración de tres pulsos, habría que combinar el silencio de blanca (dos pulsos) con el silencio de negra (un pulso), dando, en total, un silencio de tres pulsos, como aquí:

Resumen de la mano izquierda

¡Buen trabajo! Ahora ya conoces siete notas en la mano derecha y cinco en la izquierda.

Para repasarlo, toca cada nota despacio, pensando en el nombre de la nota y su relación con la partitura y con el teclado.

Do   Re   Mi   Fa   Sol

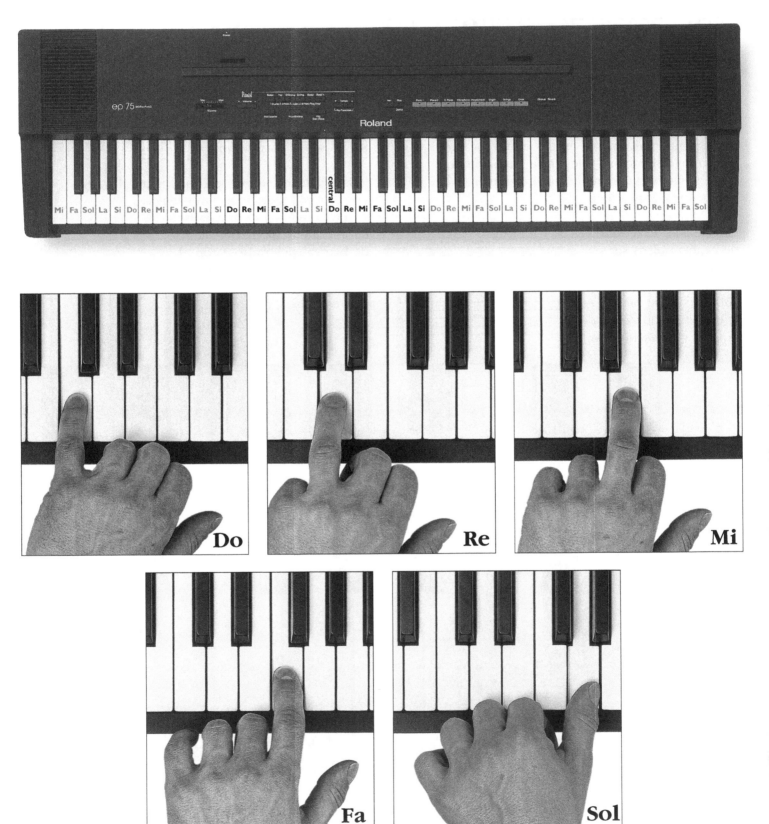

Do

Re

Mi

Fa

Sol

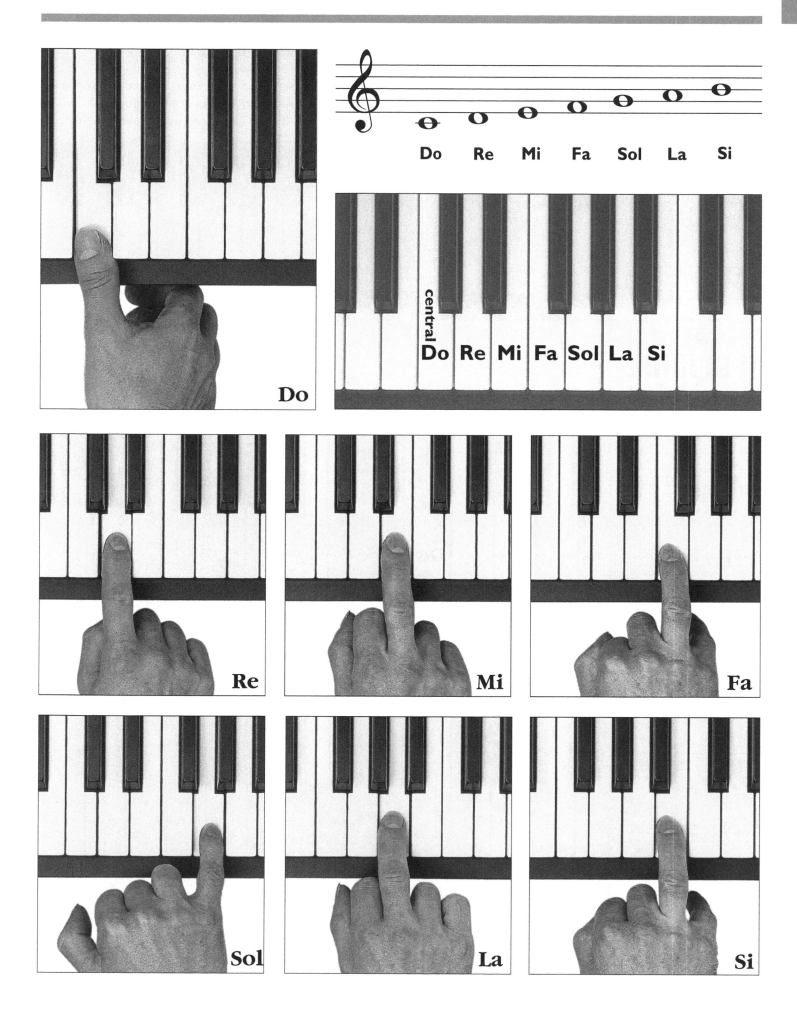

Do Re Mi Fa Sol La Si

central Do Re Mi Fa Sol La Si

Do

Re

Mi

Fa

Sol

La

Si

Acordes

Un acorde se crea cuando tocas más de una nota a la vez. Puedes hacerlo tanto con la mano derecha como con la izquierda, o con las dos a la vez. Hay muchos tipos distintos de acordes, pero aquí te presentamos unos cuantos que podrás dominar en muy poco tiempo.

Acordes de la mano derecha

Muchas notas de los acordes son tocadas con la mano derecha, por lo que es una buena forma de empezar. Más adelante añadiremos más notas a nuestros acordes e introduciremos el uso de la mano izquierda.

Do mayor

Fa mayor

Sol mayor

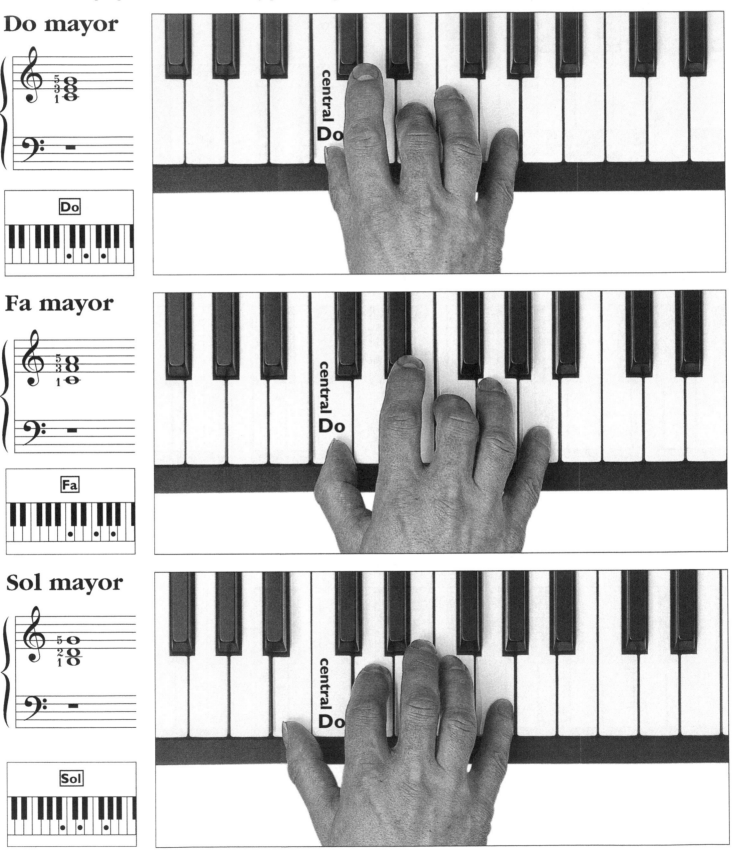

La posición de los dedos de la mano derecha no siempre será del 1 al 5 sobre el intervalo de Do a Sol. La siguiente progresión de acordes es una prueba de ello. Para poder acceder a la mejor posición en el segundo compás, es necesario que te prepares en el compás 1, por lo que deberás usar los dedos 1, 2 y 4 para tocar el primer acorde.

Cuando nos volvemos a encontrar con el mismo acorde, en el compás 5, ya puedes usar la digitación de 1,3,5, ya que en esta ocasión te facilitará el movimiento descendente hasta el acorde del compás 6. Intenta que el movimiento de los dedos sea suave y decidido de una tecla a otra.

Cada vez que toques un acorde, intenta pensar en el próximo, y prepara los dedos para la posición siguiente.

Escucha la demostración en la **Pista 13**, y después intenta tocar sobre el acompañamiento de la **Pista 14**. Los usuarios de MIDI pueden silenciar la parte de piano antes de empezar a tocar

Consejo

Intenta que las manos no pierdan su posición cuando toques esta pieza – a medida que la música sea más compleja será más importante que tus manos realicen el menor desplazamiento posible para tocar las notas.

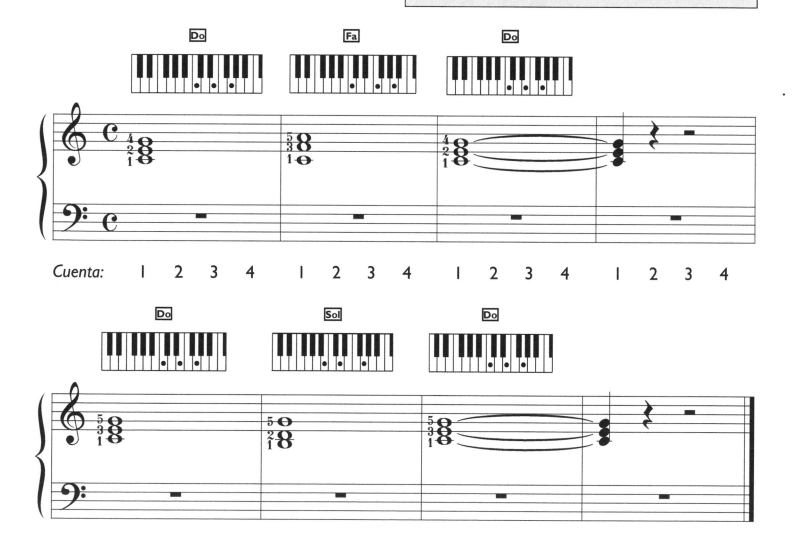

Acordes con ambas manos

Ahora añadiremos la mano izquierda. Generalmente, cuando toquemos acordes, la mano izquierda tocará menos notas que la derecha, y estarán más espaciadas. Las manos izquierda y derecha no tocan acordes distintos, sino que comparten el trabajo de tocar las notas de un solo acorde.

Consejo

Si tienes control de tempo en tu teclado, utilízalo para aprender los ejercicios a una velocidad lenta; después podrás adoptar gradualmente la velocidad adecuada.

Practica el siguiente ejercicio. Ya conoces la parte de la mano derecha, puesto que es la misma que en el ejercicio anterior. Ahora vamos a añadir la mano izquierda. Una vez más, la posición de manos y dedos es muy importante - debes ser capaz de ejecutar el ejercicio sin mover desplazar la mano arriba y abajo por las teclas. Partiendo de la posición básica para la mano que has empleado hasta ahora, deberás ser capaz de tocar todas las notas del ejercicio.

Escucha la demostración en la **Pista 15**, y después intenta tocar sobre el acompañamiento de la **Pista 16**. Los usuarios de MIDI pueden silenciar la parte de piano (Mano derecha: canal 4. Mano izquierda: canal 3) antes de empezar a tocar.

Do mayor

Fa mayor

Sol mayor

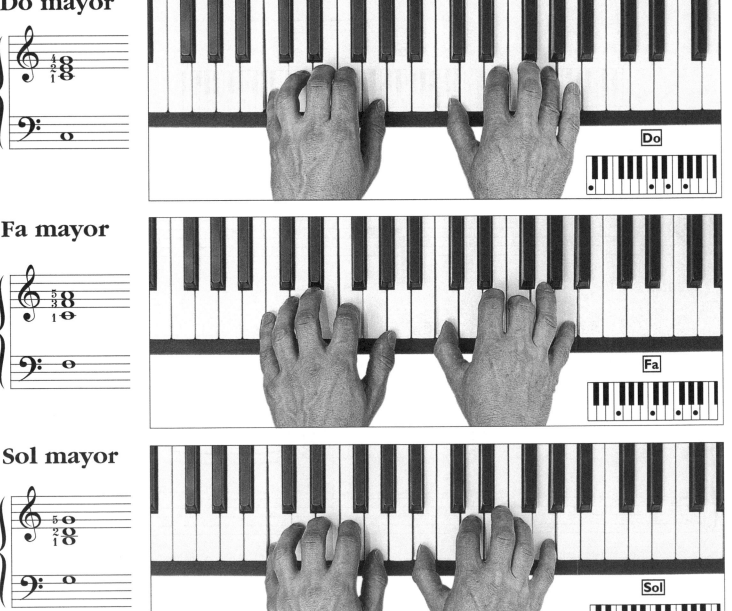

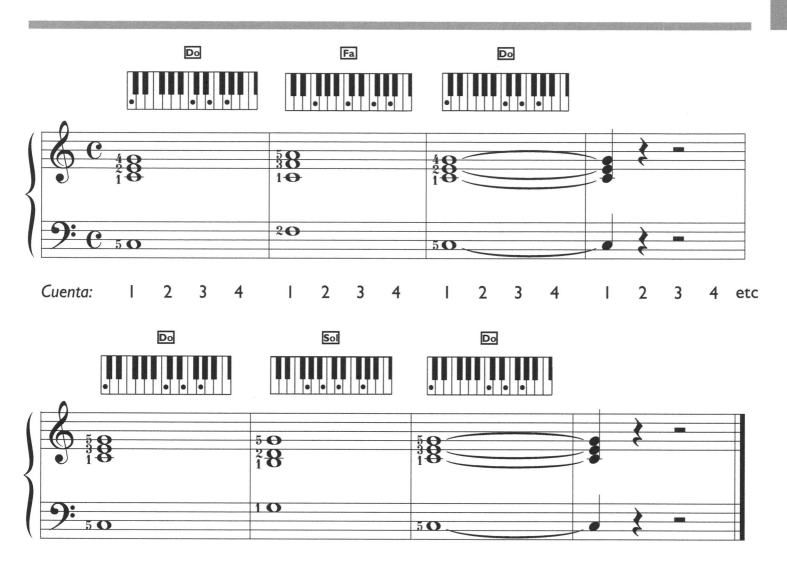

Cuenta: 1   2   3   4   1   2   3   4   1   2   3   4   1   2   3   4   etc

Asegúrate de que no sólo conoces los nombres de las notas que hemos aprendido hasta ahora, sino también su posición en el teclado y su colocación en el pentagrama, tanto en clave de Sol como en clave de Fa. Si eres capaz de hacer esto, estás en el buen camino para leer música.

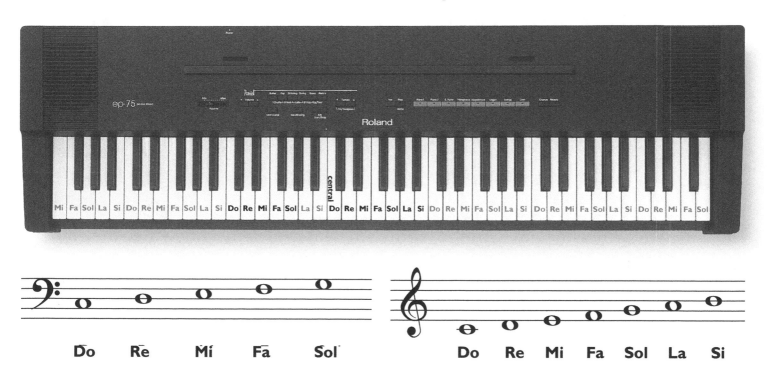

Do   Re   Mi   Fa   Sol   Do   Re   Mi   Fa   Sol   La   Si

Moviendo la mano derecha

Ahora vamos a practicar un pequeño movimiento en la mano derecha, mientras mantenemos la posición en la mano izquierda. Recuerda que las notas negras de la mano derecha tienen una duración de un pulso cada una, mientras que las redondas duran cuatro pulsos cada una.

Cuidado con la repentina parada del compás final, ya que sólo tocarás en el primer pulso del compás –en el resto del compás no habrá sonido, tal y como lo indican los silencios.

A medida que los ejercicios se complican, recuerda que puedes aislar la mano izquierda y la derecha, practicando por separado antes de juntarlas.

Escucha la demostración en la **Pista 17**, y después intenta tocar sobre el acompañamiento de la **Pista 18**. Los usuarios de MIDI pueden silenciar la parte de piano (Mano derecha: canal 4. Mano izquierda: canal 3) antes de tocar.

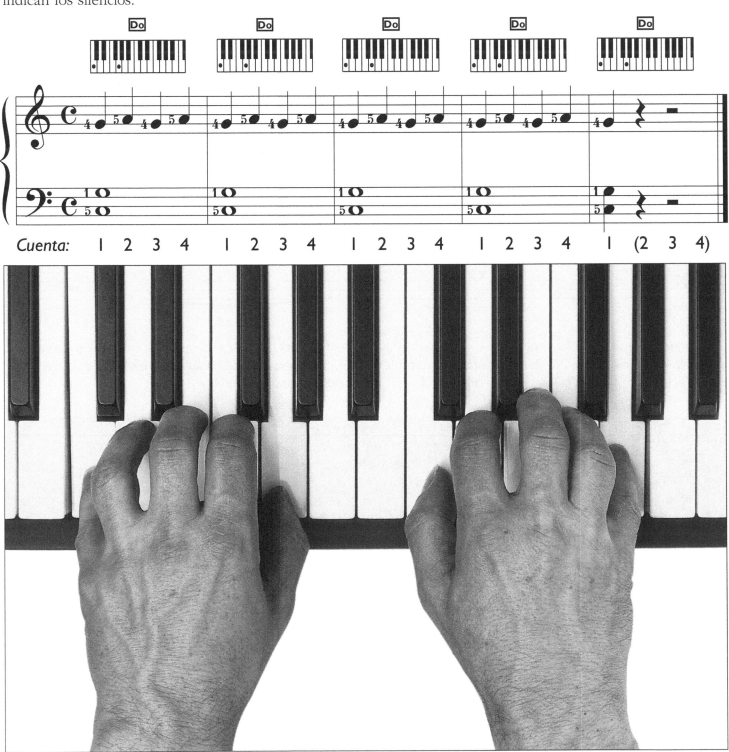

Ahora te presentamos un ejercicio para que te acostumbres a mover la mano izquierda, mientras que la derecha apenas se mueve. La mano izquierda se moverá cada dos tiempos, por lo que es bastante fácil de tocar, pero ten cuidado a la hora de mantener constante la nota más baja de la mano izquierda (Do) – sólo cambian las notas superiores.

Escucha la demostración en la **Pista 19**, y después intenta tocar sobre el acompañamiento de la **Pista 20**.

Los usuarios de MIDI pueden silenciar la parte de piano (Mano derecha- canal 4. Mano izquierda- canal 3) antes de empezar a tocar.

Consejo

Fíjate en que en el último compás tocarás durante los dos primeros pulsos y no tocarás durante los dos últimos. Los buenos músicos siempre se preocupan en conseguir finales limpios, ¡y es un buen hábito que conviene cultivar!

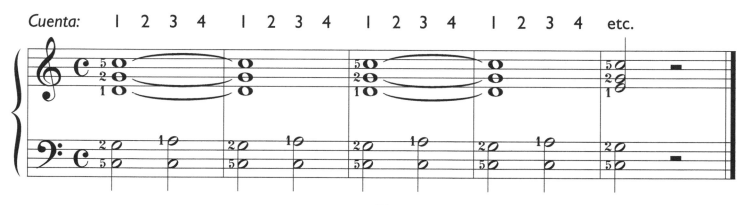

▼ Esta es la posición inicial del primer acorde.

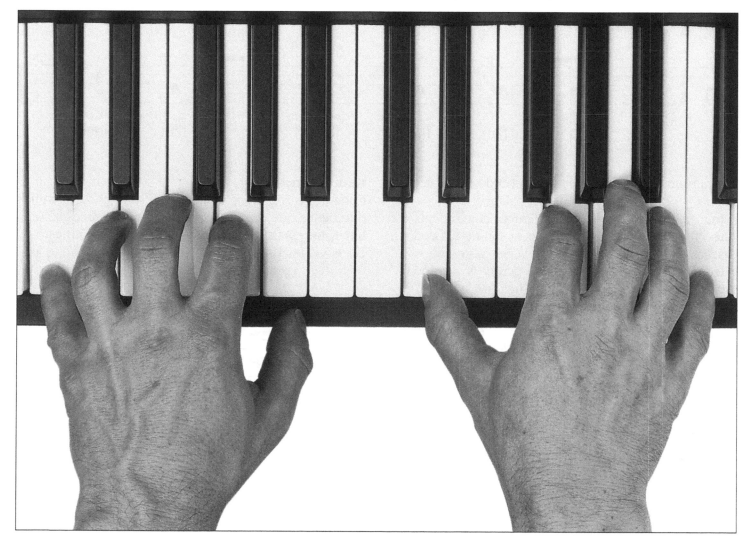

Una nueva figura

Ha llegado la hora de introducir un nueva figura: la corchea.

Las corcheas son las notas más cortas que vas a tocar en este libro. Su duración es de medio pulso, y requiere que contemos de forma exacta

Cómo contar corheas

Una corchea divide a una negra por la mitad. En un compás de 4/4 se cuentan así:

Una forma sencilla de recordar la duración de negras y corcheas cuando éstas aparecen en una misma pieza es (sin tocar) llamar a la negra "flan" y a la corchea "nata".

Fíjate en el ejemplo de abajo y di las palabras que están bajo el pentagrama de forma rítmica.

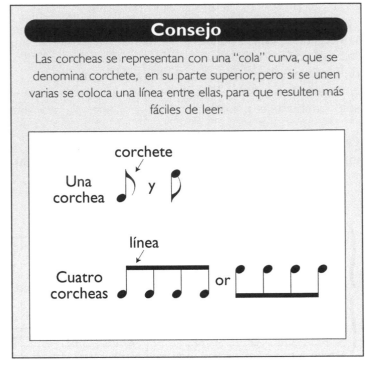

Consejo

Las corcheas se representan con una "cola" curva, que se denomina corchete, en su parte superior, pero si se unen varias se coloca una línea entre ellas, para que resulten más fáciles de leer.

A continuación da palmas mientras dices las palabras. Finalmente toca los dos compases, manteniendo un pulso firme.

Ahora te mostramos un ejercicio lleno de corcheas y negras - practica el ritmo, di las palabras (rítmicamente); después, en un tempo lento, cuenta con pulso firme y concéntrate en la posición de los dedos. Practica el ejercicio unas cuantas veces hasta que puedas aumentar la velocidad sin perder la precisión. Fíjate en el signo de repetición al final de la pieza.

Repeticiones

Cuando veas el signo :‖ al final de una pieza, significa que tienes que repetir la pieza entera. A veces sólo hay que repetir una parte de la pieza, pero en estos casos verás el signo ‖: al comienzo, y el signo :‖ al final de la parte que hay que repetir.

Otra agrupación frecuente de pulsos es la de 3 por 4 (o tres pulsos por compás). A veces se le llama "tiempo de vals"

Cuenta a ritmo hasta tres y sigue repitiendo. Intenta sentir el énfasis en el primer pulso del compás. Siente el ritmo del compás.

1 – 2 – 3 / 1 – 2 – 3 / 1 – 2 – 3 / etc

El símbolo ♩. es denominado blanca con puntillo, y tiene una duración de 3 pulsos. El puntillo que sigue a la nota blanca tiene el efecto de añadir la mitad de lo que dura la blanca al total de la figura: por lo tanto tendrás que mantener la nota durante 3 pulsos.

Se escribe  **Se toca**

Ahora tienes la oportunidad de tocar cuatro piezas conocidas, especialmente arregladas para teclado. "On Top Of Old Smokey" está en compás de 3/4. Recuerda contar mentalmente antes de empezar a tocar, hasta que te sientas familiarizado con el ritmo de tres pulsos por compás.

Esta pieza, además, comienza en el último pulso del compás. A esto se le llama anacrusa, y es muy frecuente. Sólo tienes que contar 1 – 2 y empezar a tocar en el 3, y a partir de ahí, contar 1 – 2 – 3.

Antes de tocar cualquier pieza, escucha primero los ejemplos del audio y recuerda que debes contar siempre.

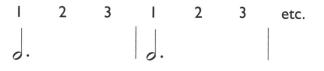

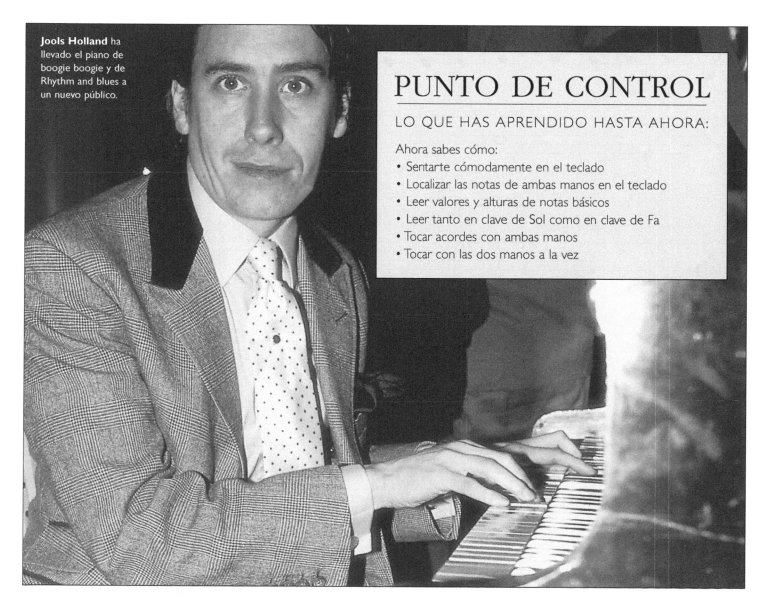

Jools Holland ha llevado el piano de boogie boogie y de Rhythm and blues a un nuevo público.

PUNTO DE CONTROL

LO QUE HAS APRENDIDO HASTA AHORA:

Ahora sabes cómo:
- Sentarte cómodamente en el teclado
- Localizar las notas de ambas manos en el teclado
- Leer valores y alturas de notas básicos
- Leer tanto en clave de Sol como en clave de Fa
- Tocar acordes con ambas manos
- Tocar con las dos manos a la vez

Jingle Bells

¡Ahora ya estás preparado para tocar una canción completa!

Si sigues la música con atención no tendrás ningún problema con esta sencilla melodía.

Consigue mantener las notas en la mano izquierda y concéntrate en hacer bien la melodía.

Escucha primero la **Pista 21**, y después intenta tocar sobre la **Pista 22**.

Tradicional

Primero escucha la **Pista 23**, y después intenta tocar sobre la **Pista 24**.

Hemos añadido símbolos de acordes sobre el pentagrama para facilitarte el trabajo con la mano izquierda.

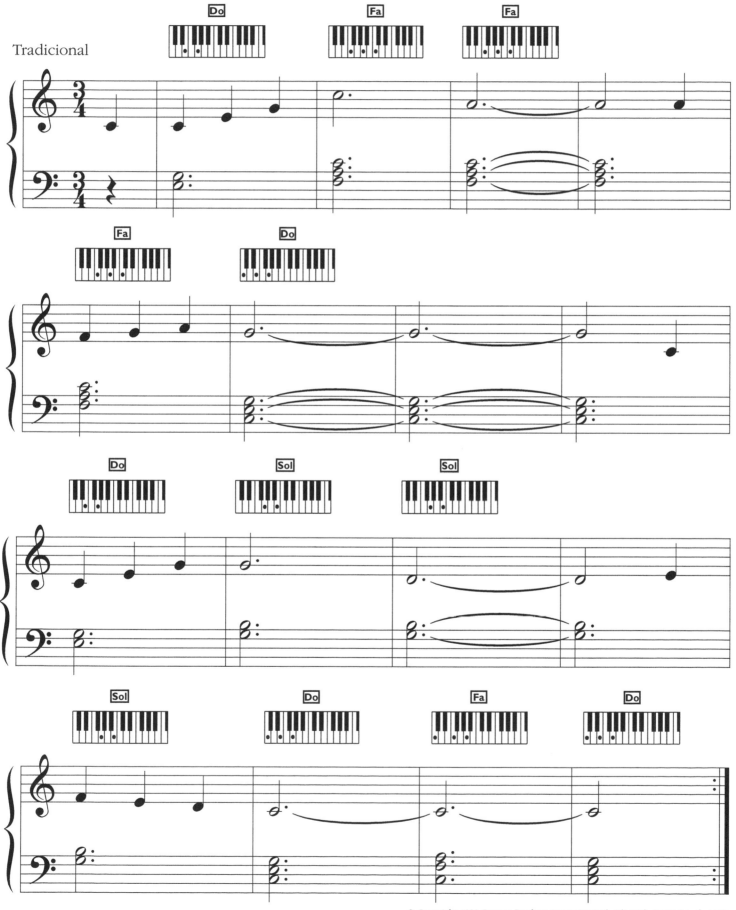

Tradicional

Oh When The Saints

Aquí tienes otra canción muy conocida para que la añadas a tu repertorio. ¡Mantén firme la mano izquierda y no te olvides de contar!

Escucha primero la **Pista 25**, y después intenta tocar sobre la **Pista 26**.

Tradicional

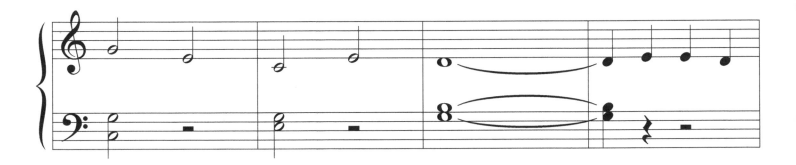

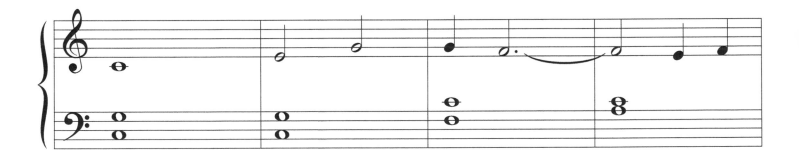

Esta pieza combina todo lo que hemos aprendido hasta ahora. ¡Deberás seguir la música con mucha atención para que tus dedos no acaben destrozados! Trabaja las digitaciones de forma que te resulten cómodas y sigue adelante – no deberías tener demasiados problemas.

Escucha atentamente la **Pista 27**, y a continuación intenta seguir la partitura al mismo tiempo.

Después toca sobre el acompañamiento de la **Pista 28**.

Tradicional

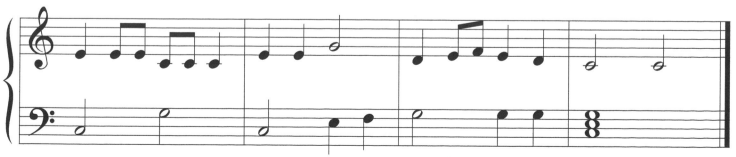

¡Felicidades!

En un muy poco tiempo has abarcado un terreno muy amplio, y estás preparado para aprender y tocar muchas más canciones para teclado.

Has aprendido la correcta postura en el teclado, dónde poner los dedos en las teclas y cómo tocar con ambas manos a la vez. También has aprendido muchas cosas sobre música – cómo leer música y cómo medir la duración de las notas para poder tocarlas a tempo.

Hemos sugerido unas cuantas canciones que probablemente quieras intentar aprender. También algunos libros que puedes adquirir para ampliar tus conocimientos y habilidades.

¡Sigue haciéndolo así de bien!

Temas clásicos para teclado

Let it Be The Beatles
Candle In The Wind Elton John
What'd I Say Ray Charles
Bohemian Rhapsody Queen
Imagine John Lennon
Chariots of Fire Vangelis

Light My Fire The Doors
Oxygene Part IV Jean-Michel Jarre
Piano Man Billy Joel
Superstition Stevie Wonder
Theme from 'The Piano' Michael Nyman